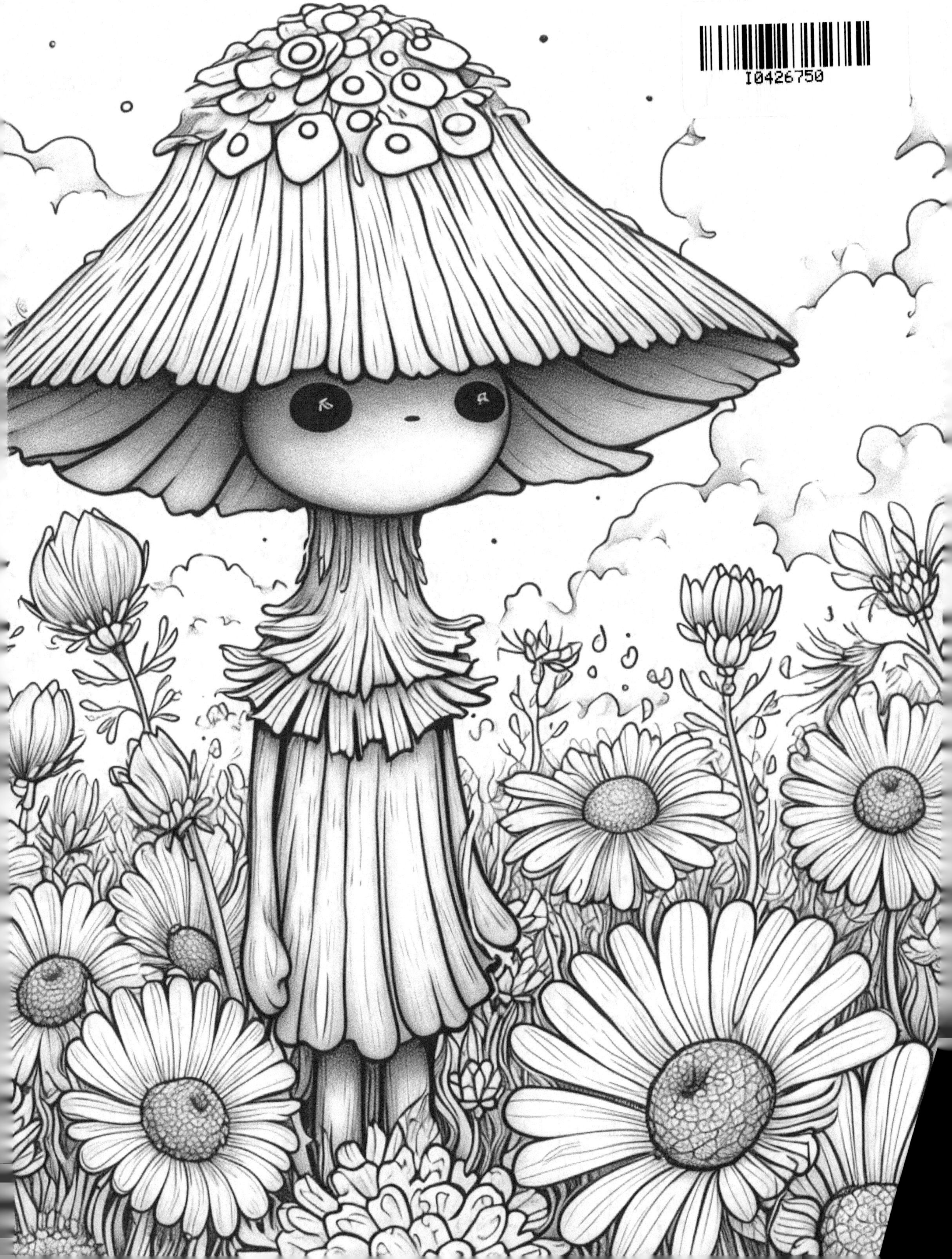

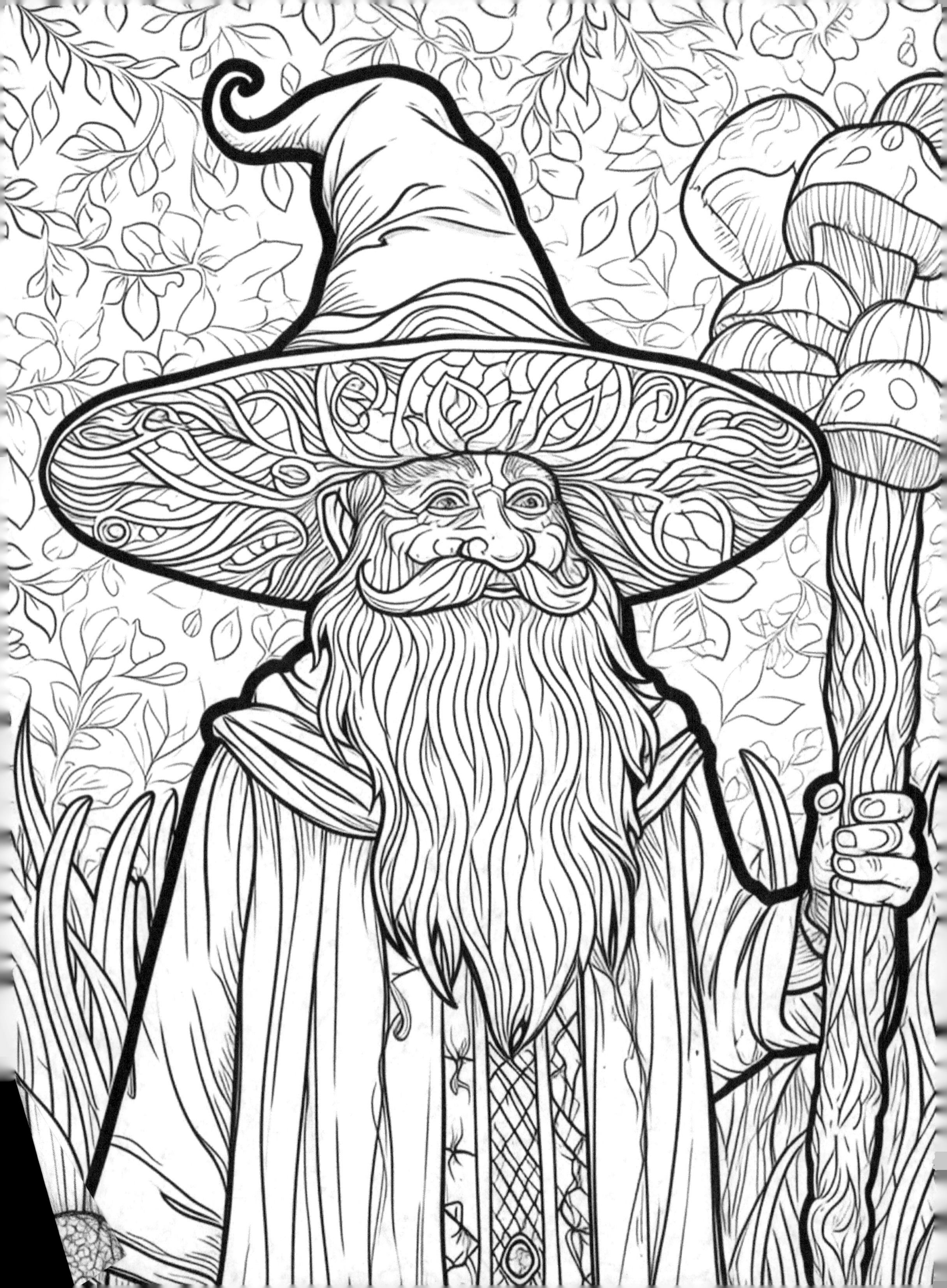

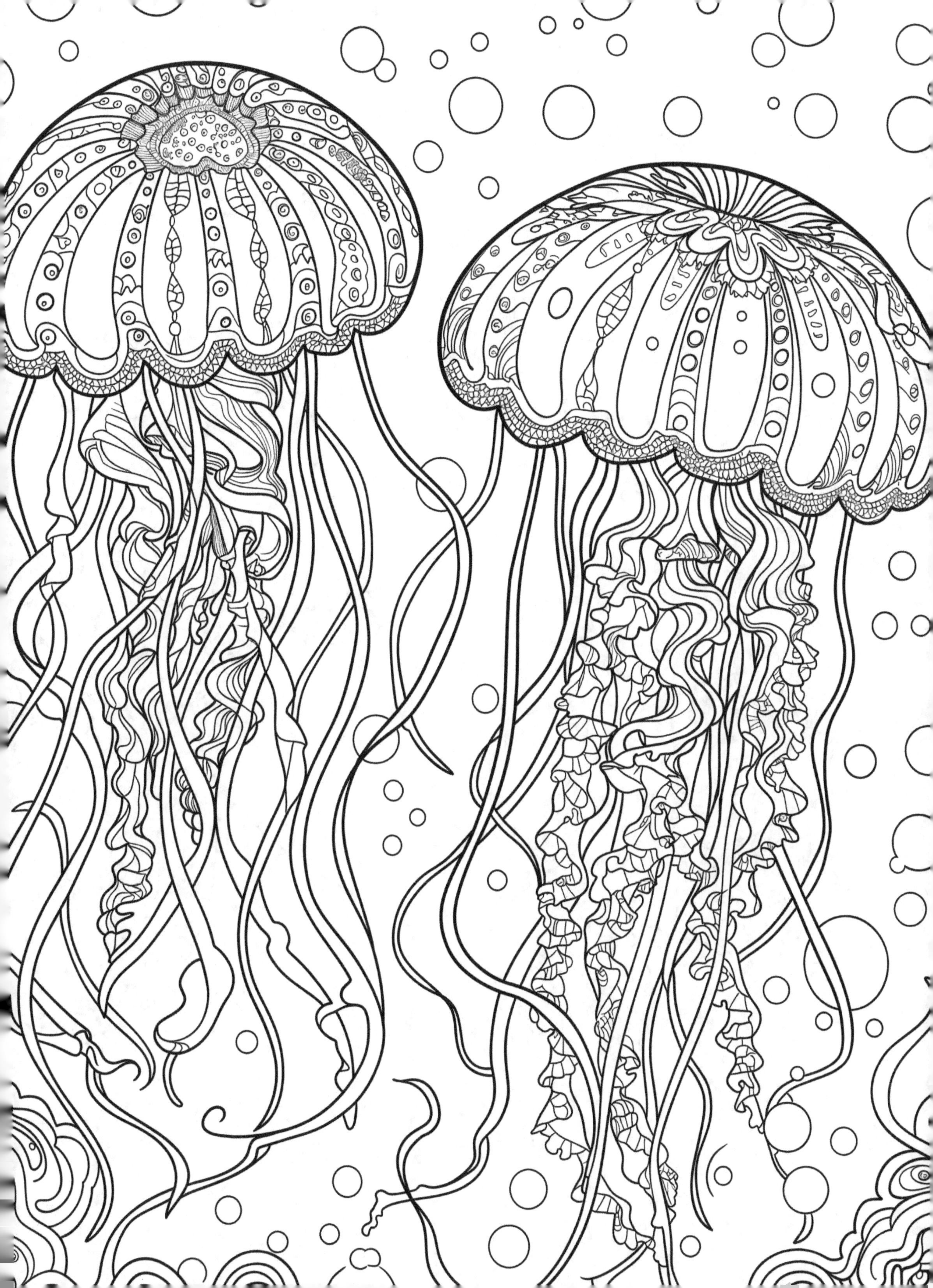

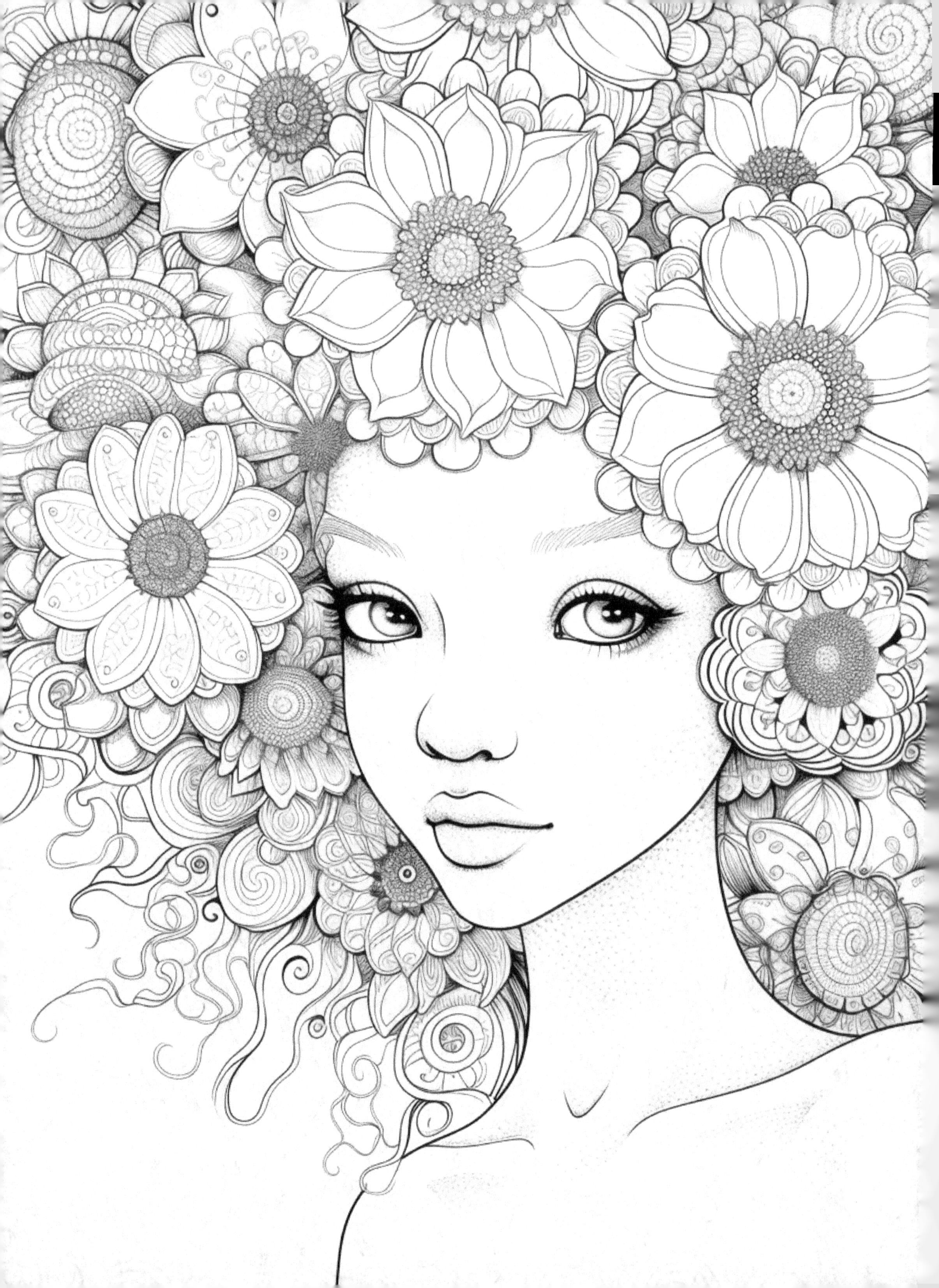

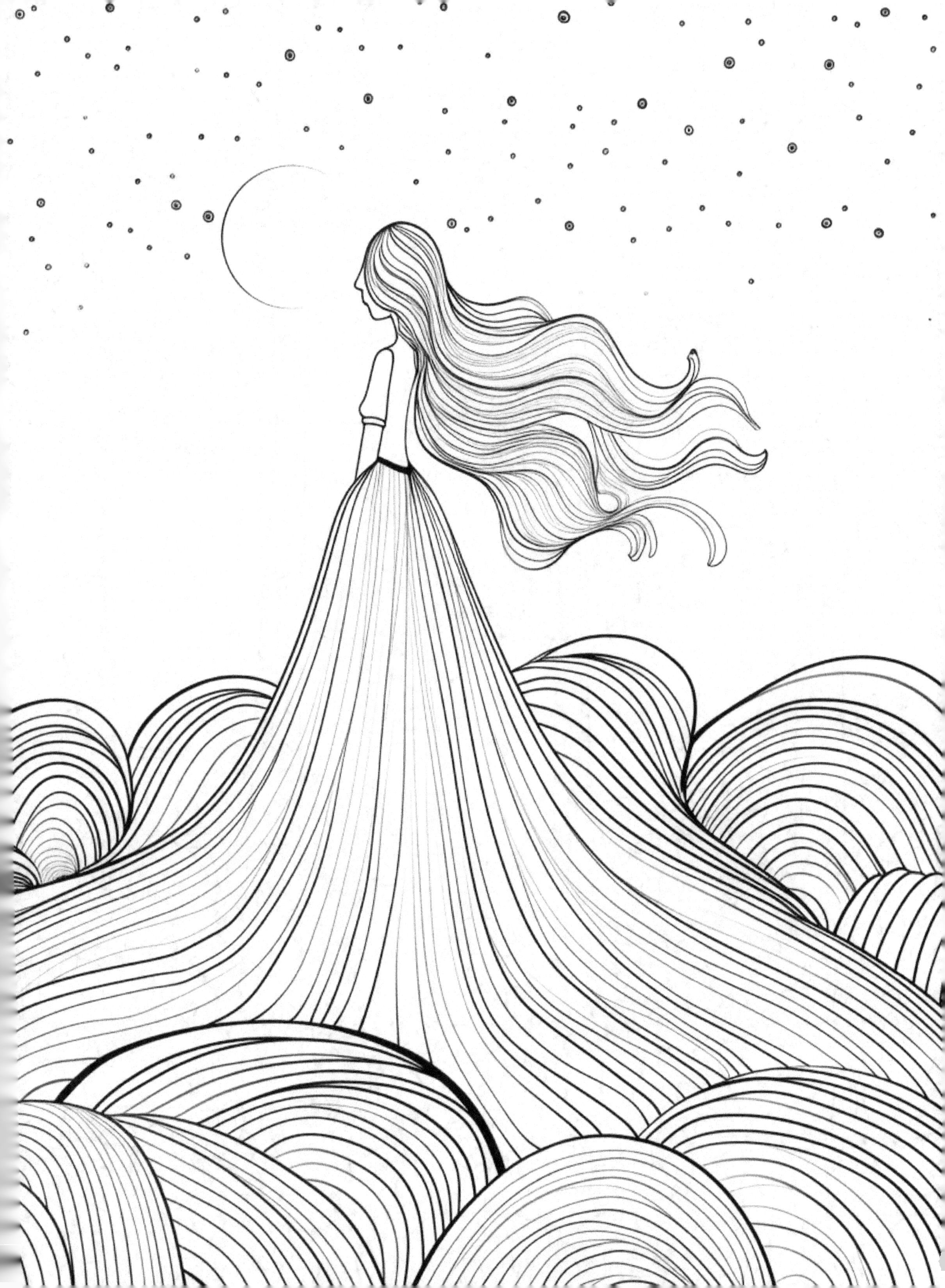

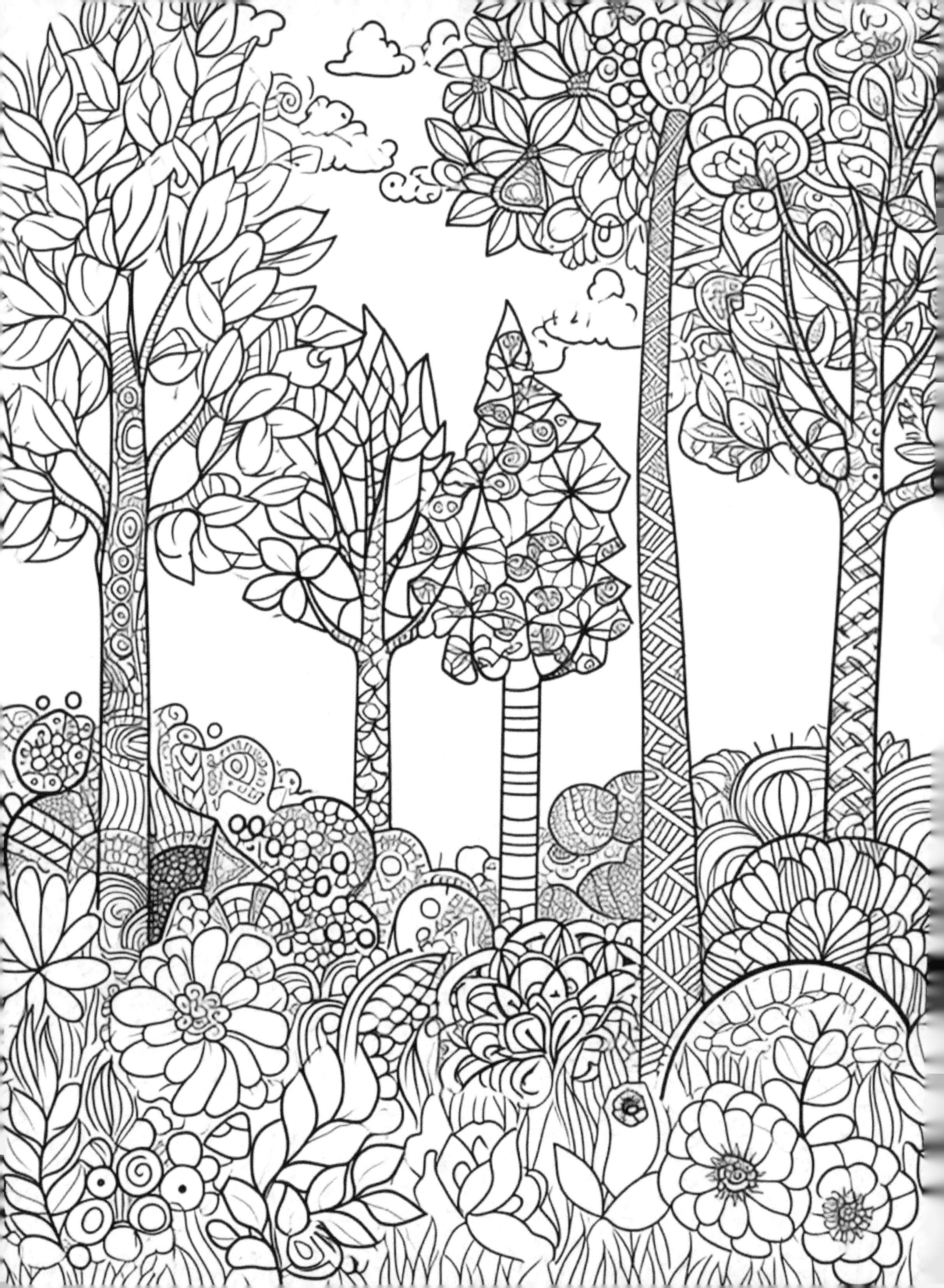

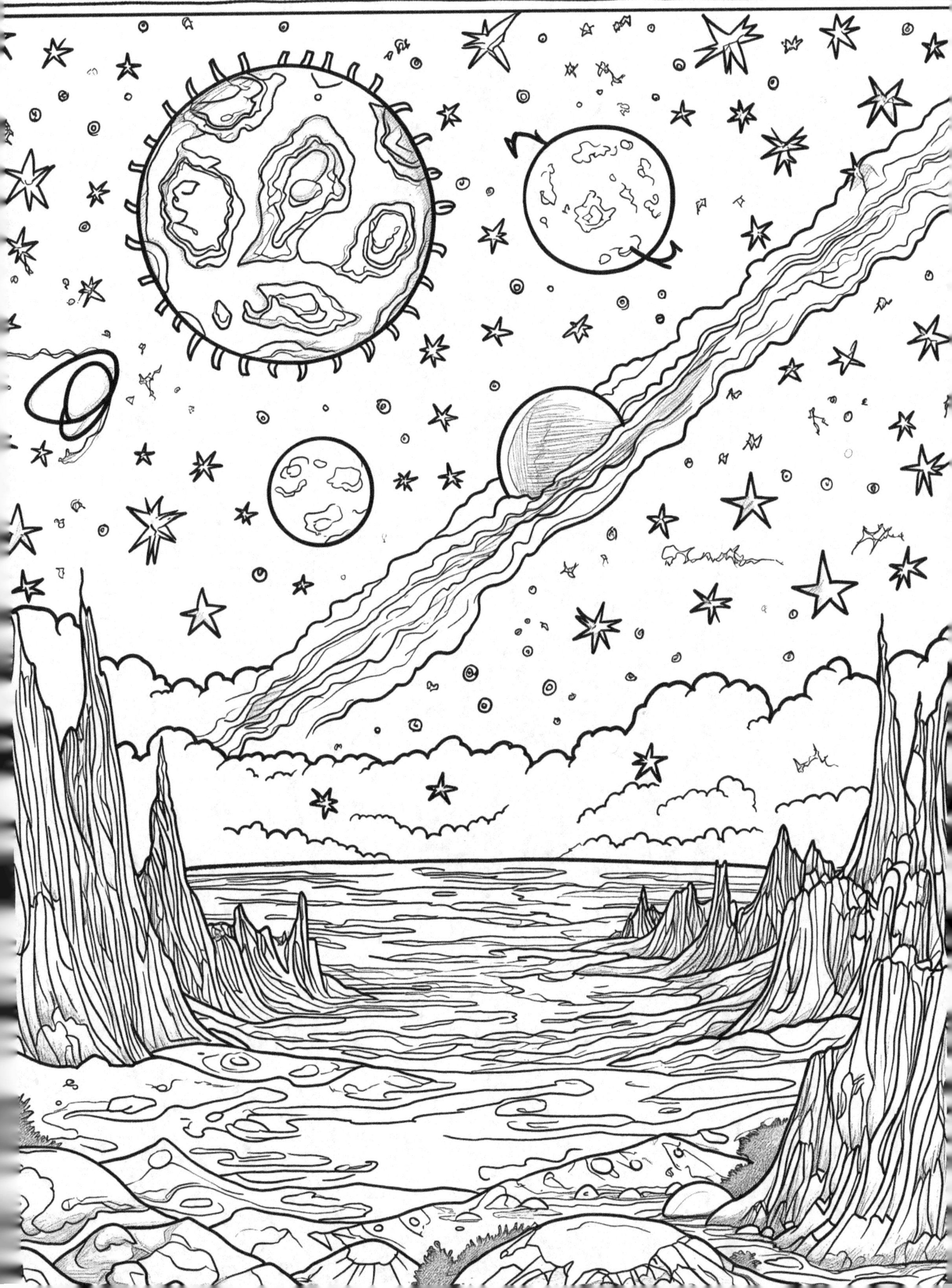

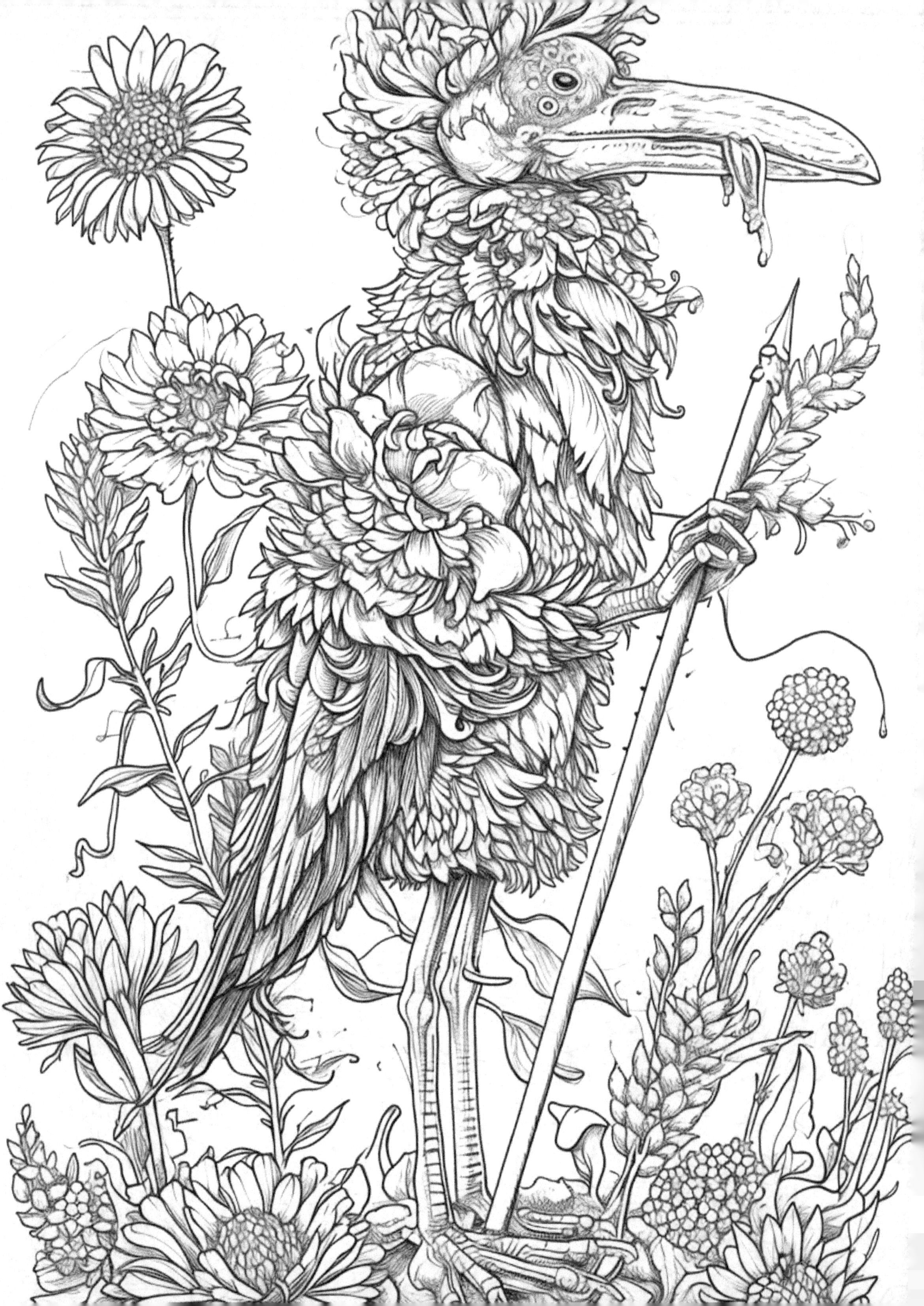

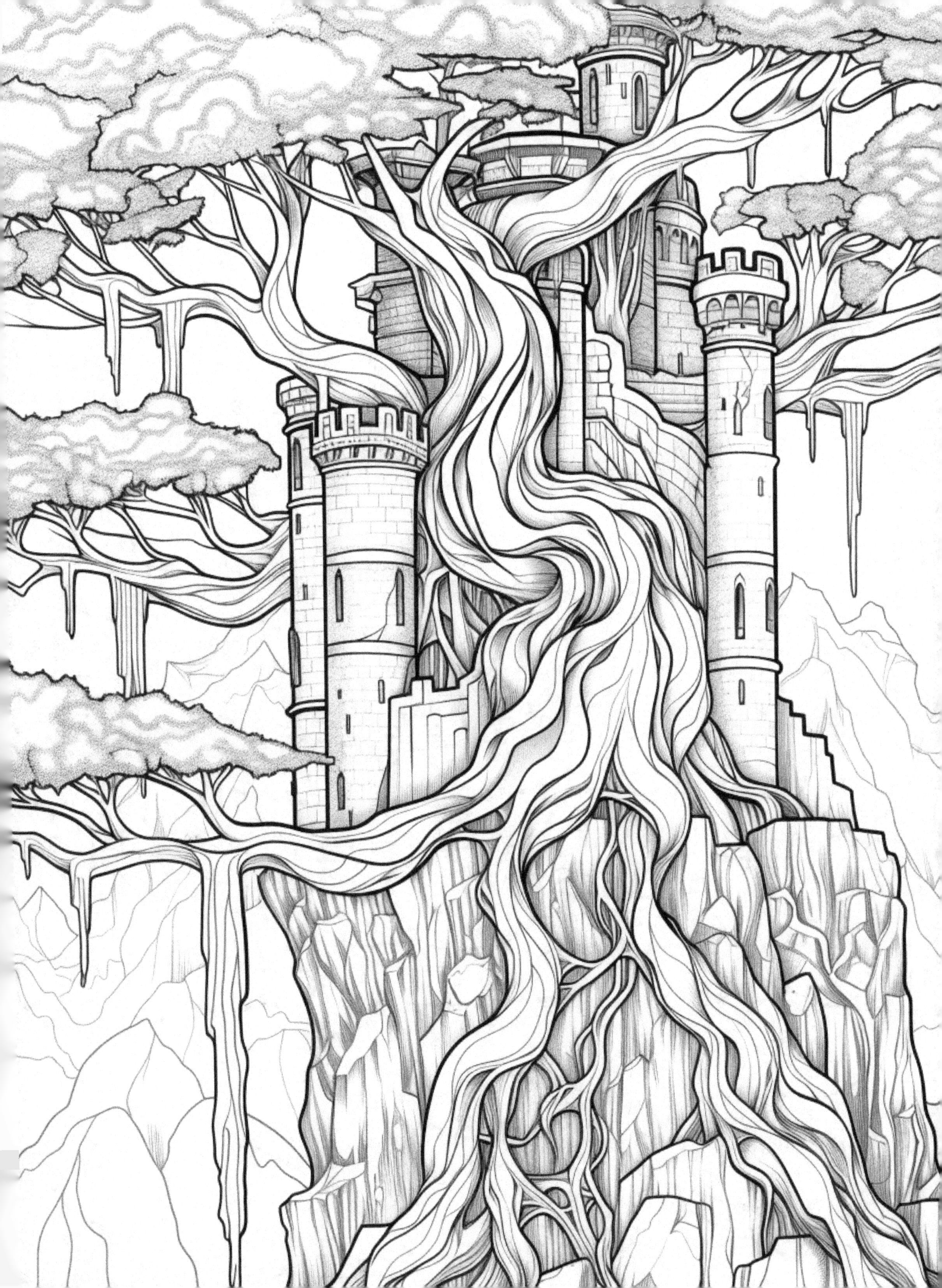

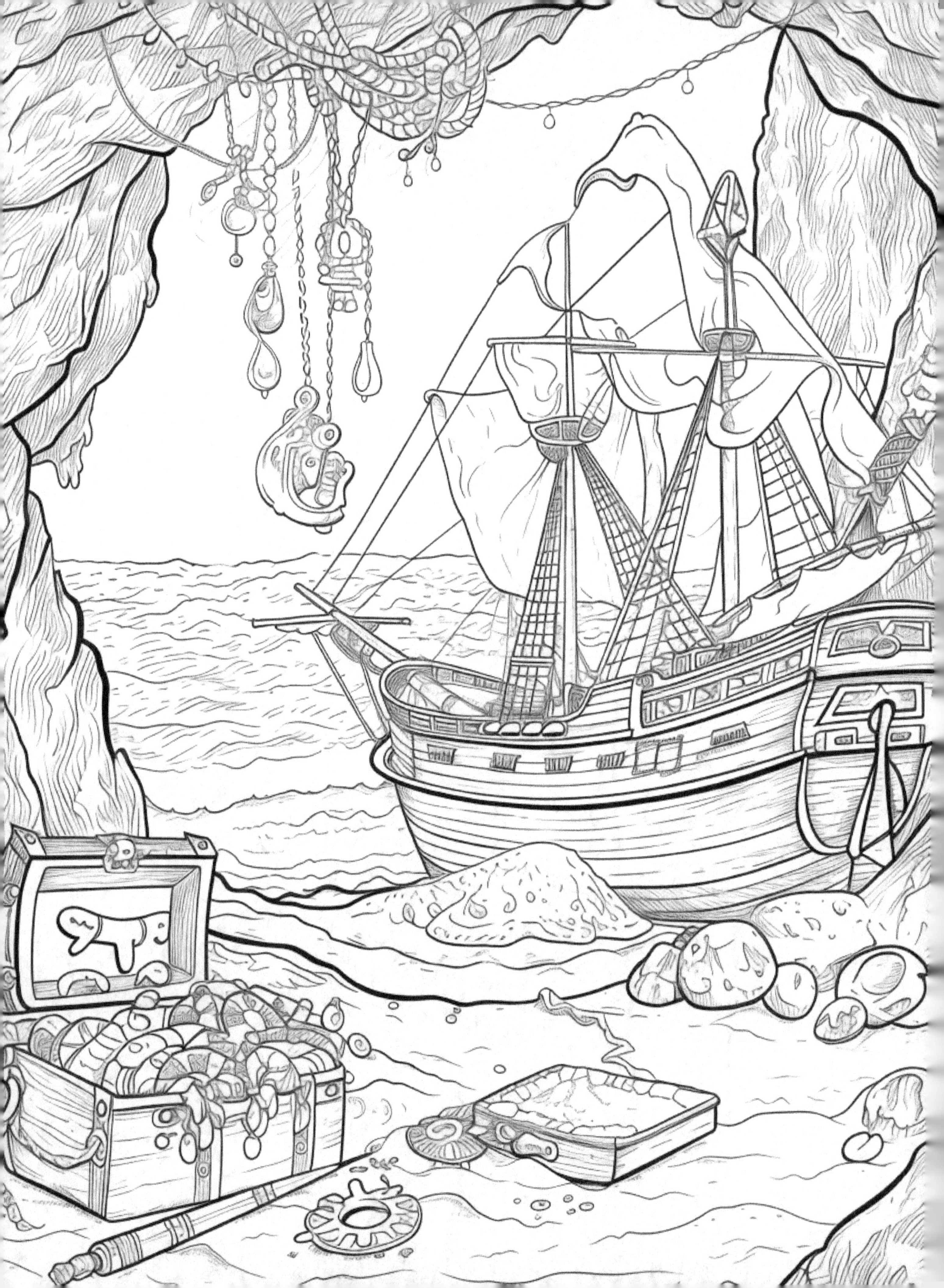

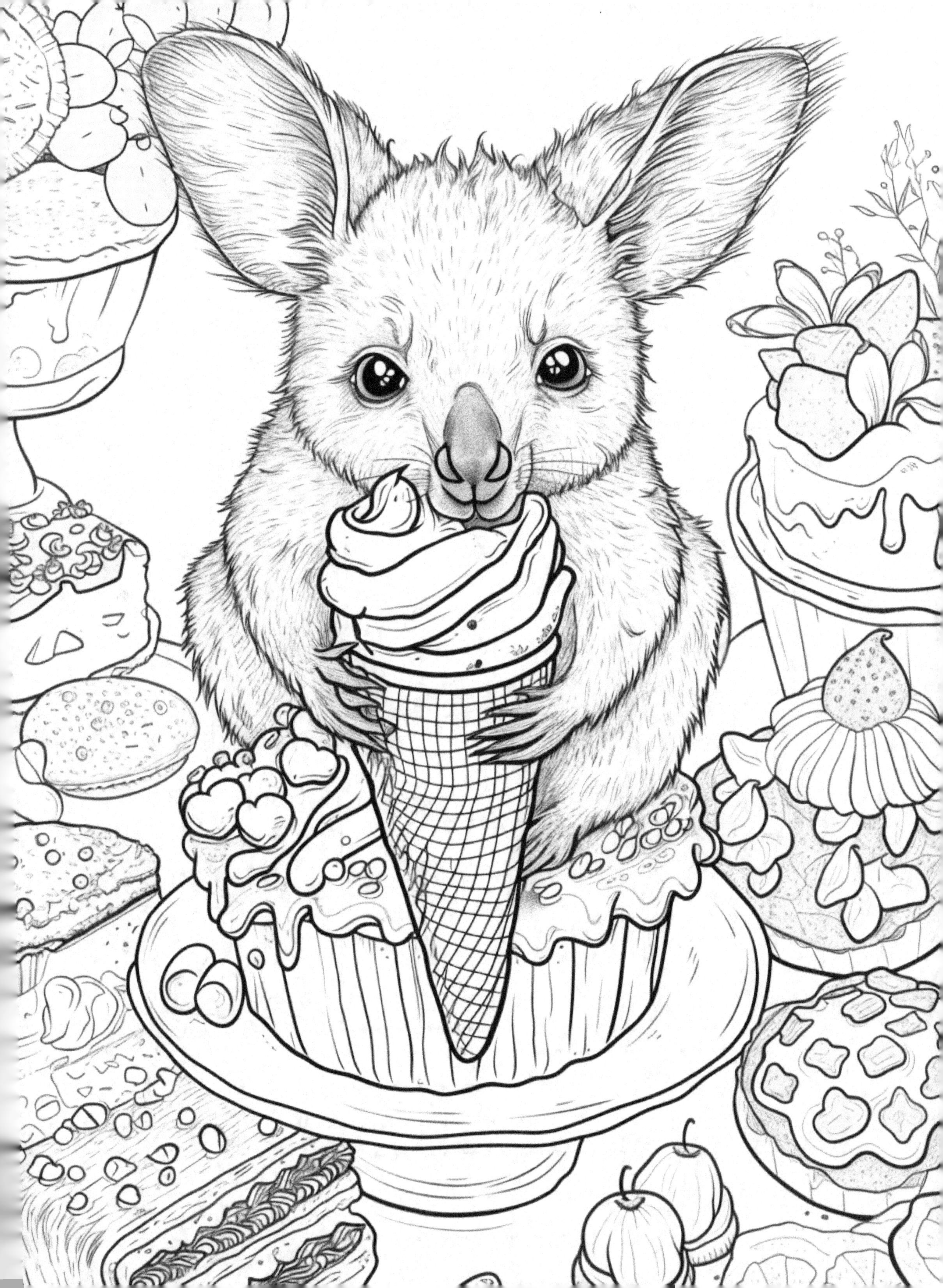

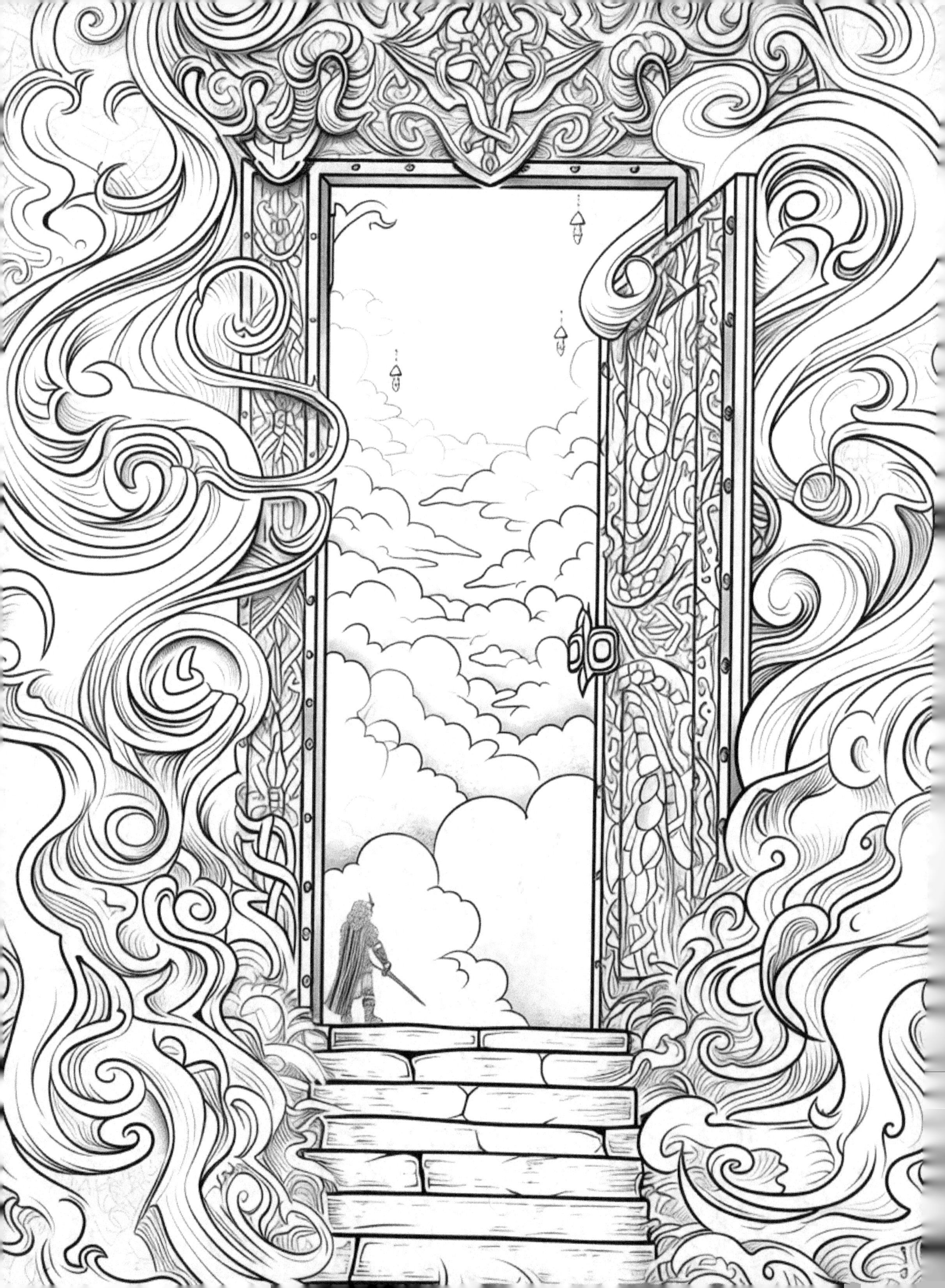

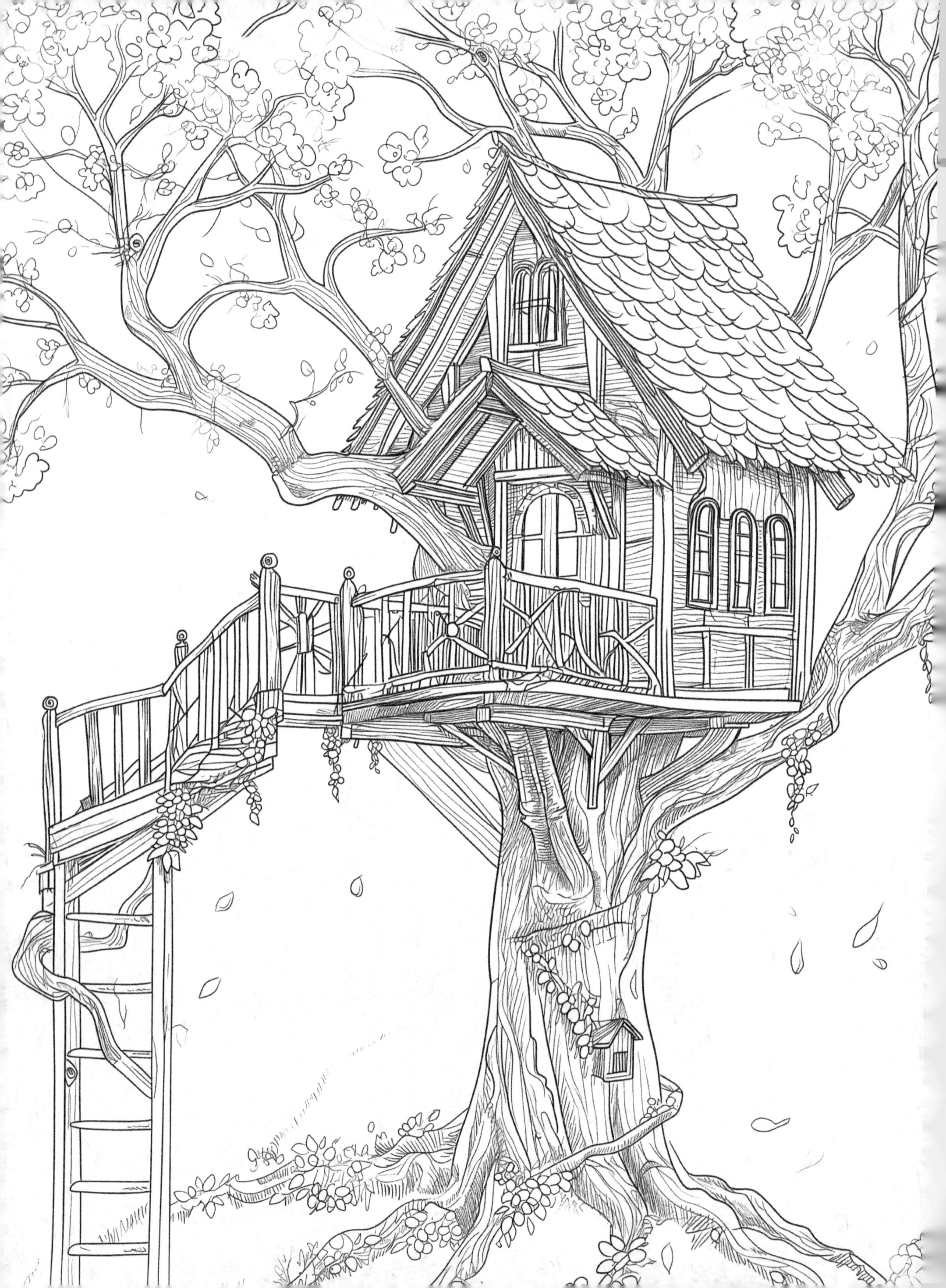

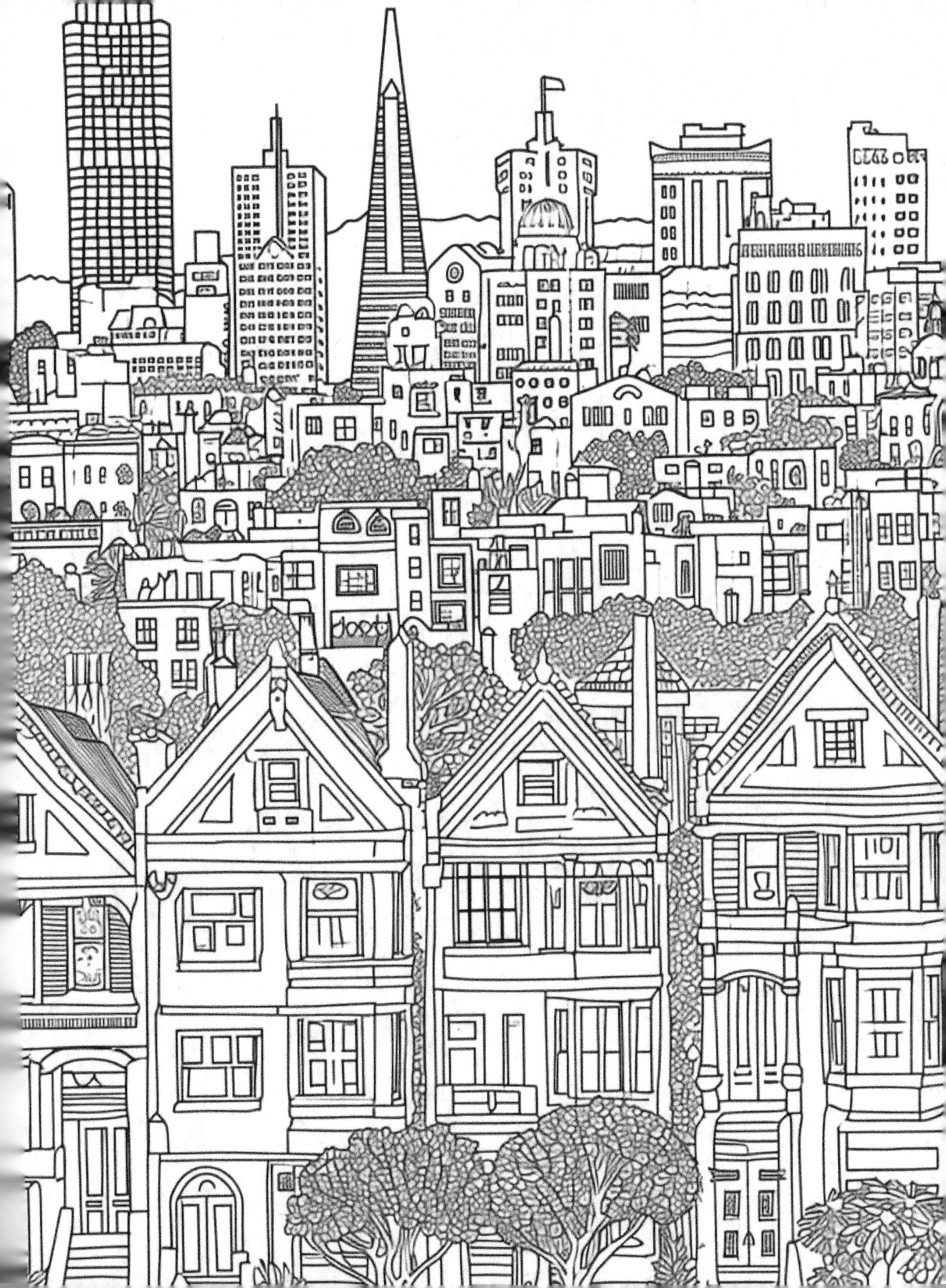

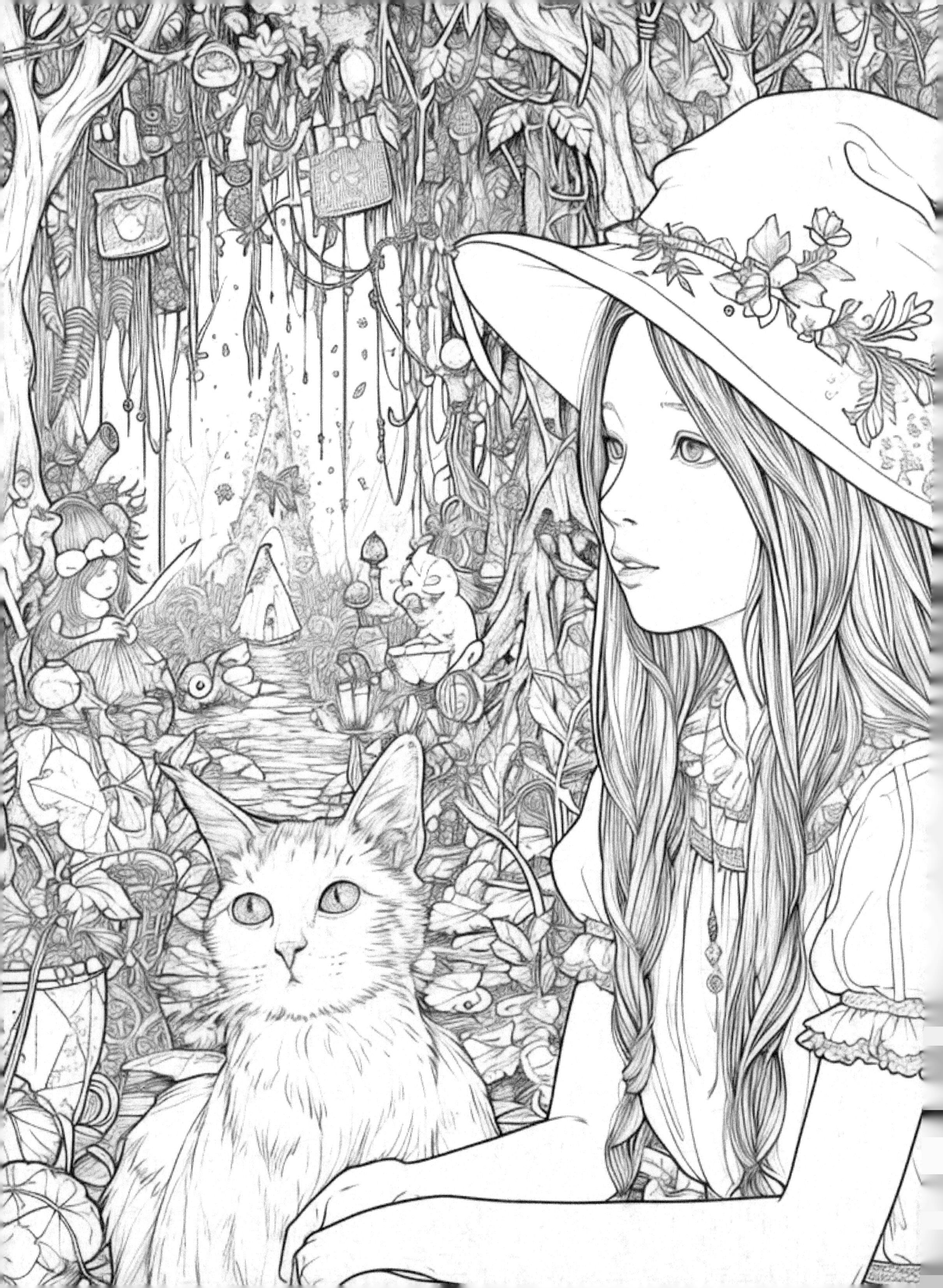

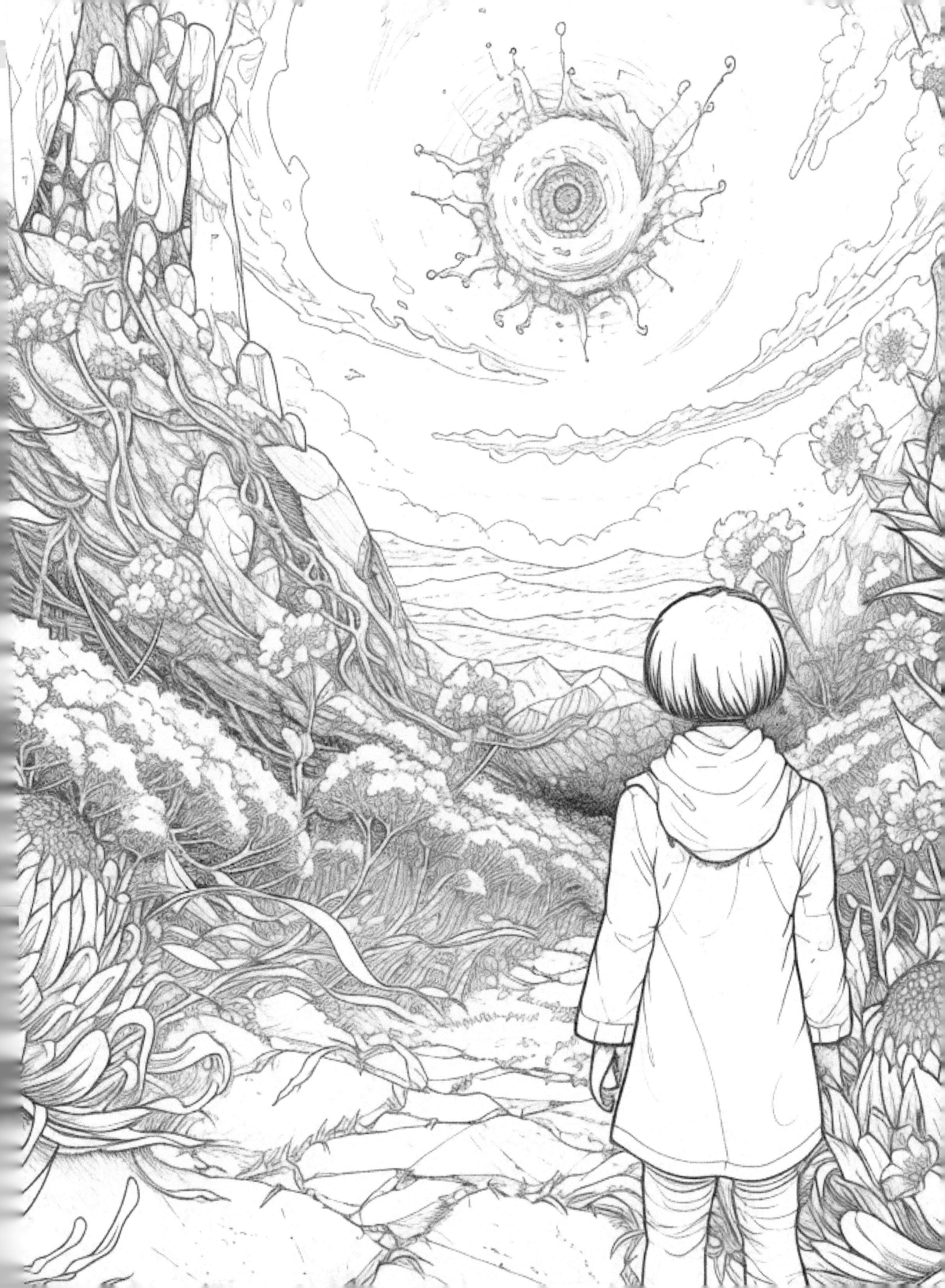

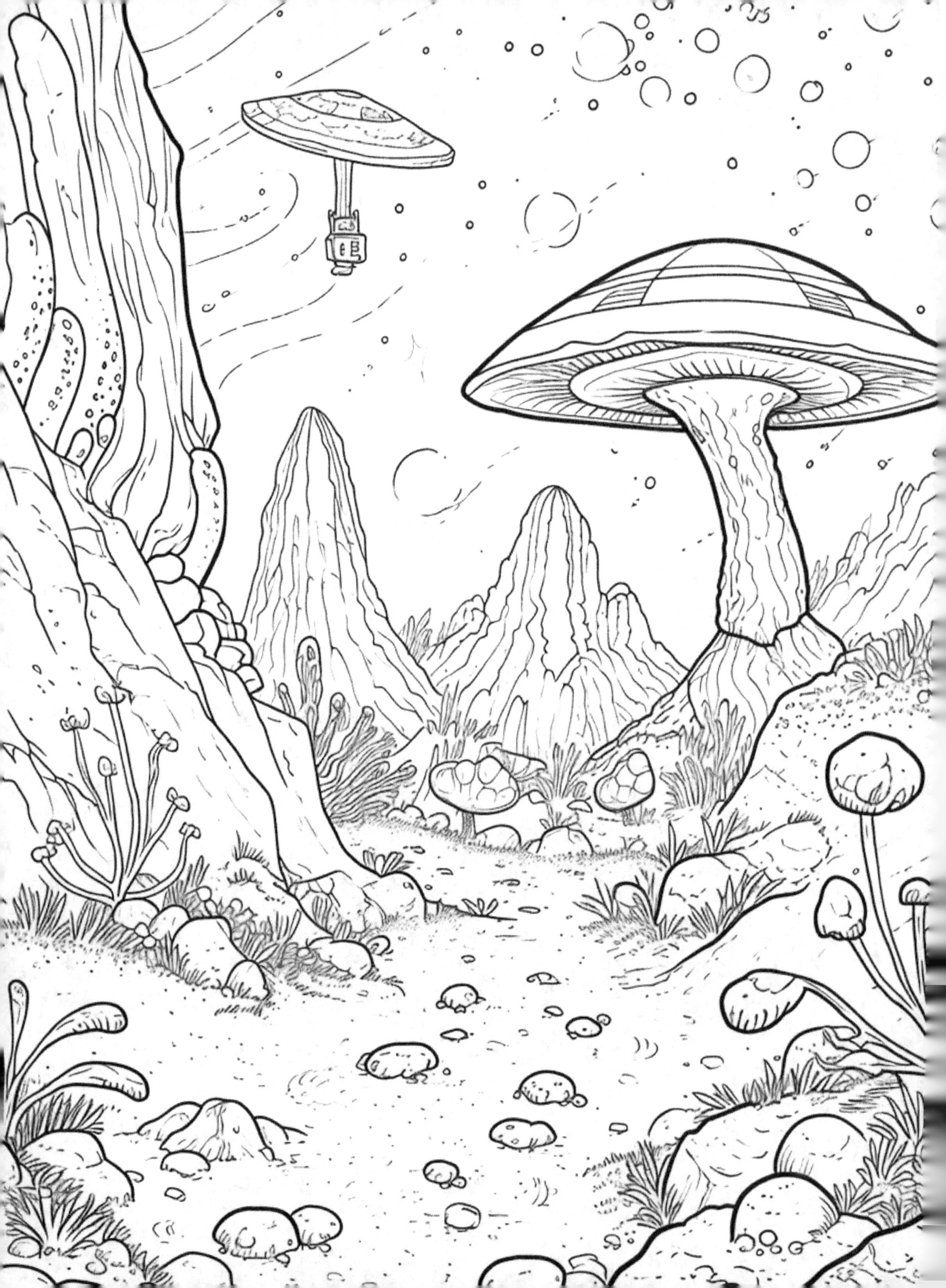

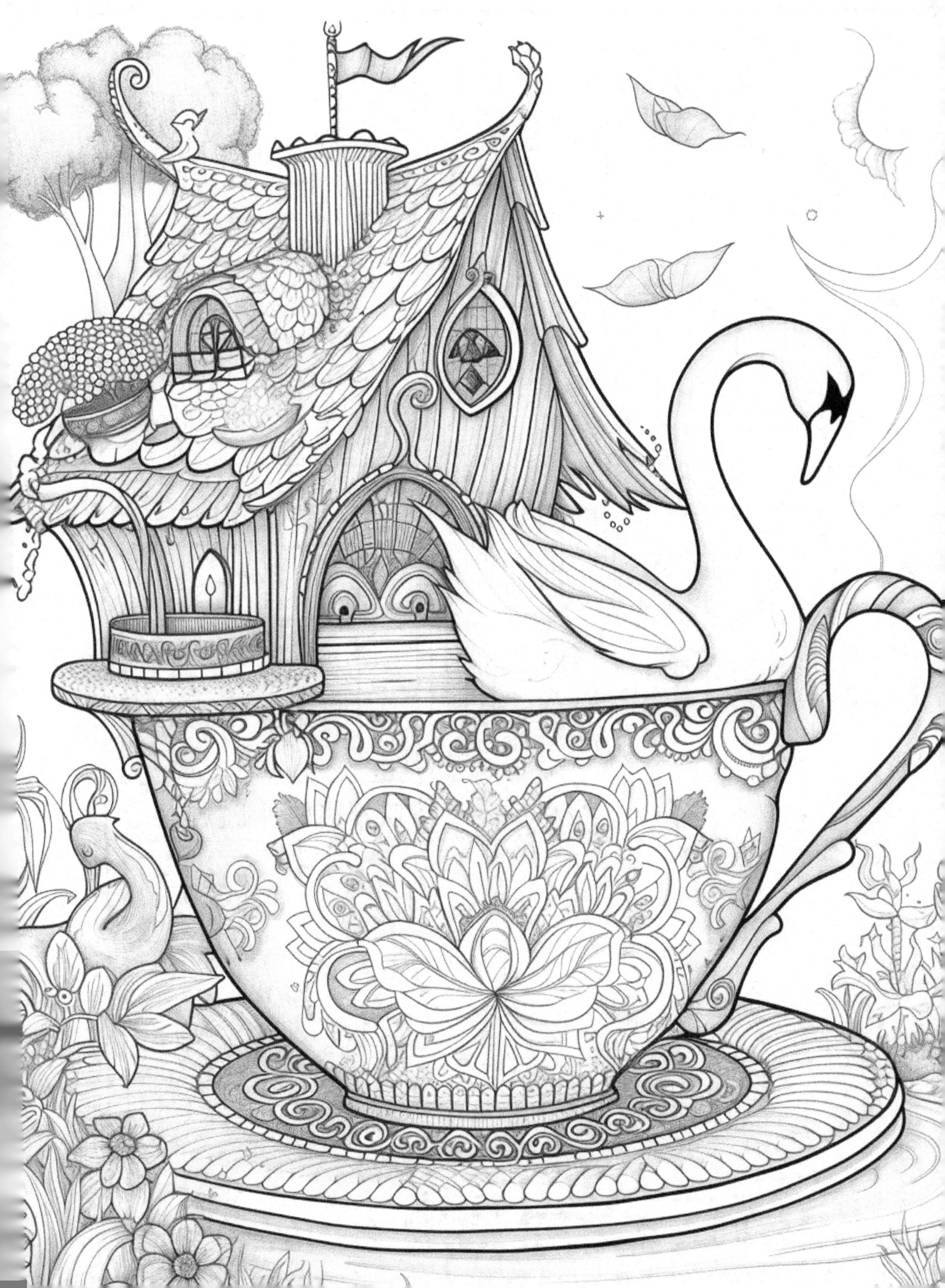

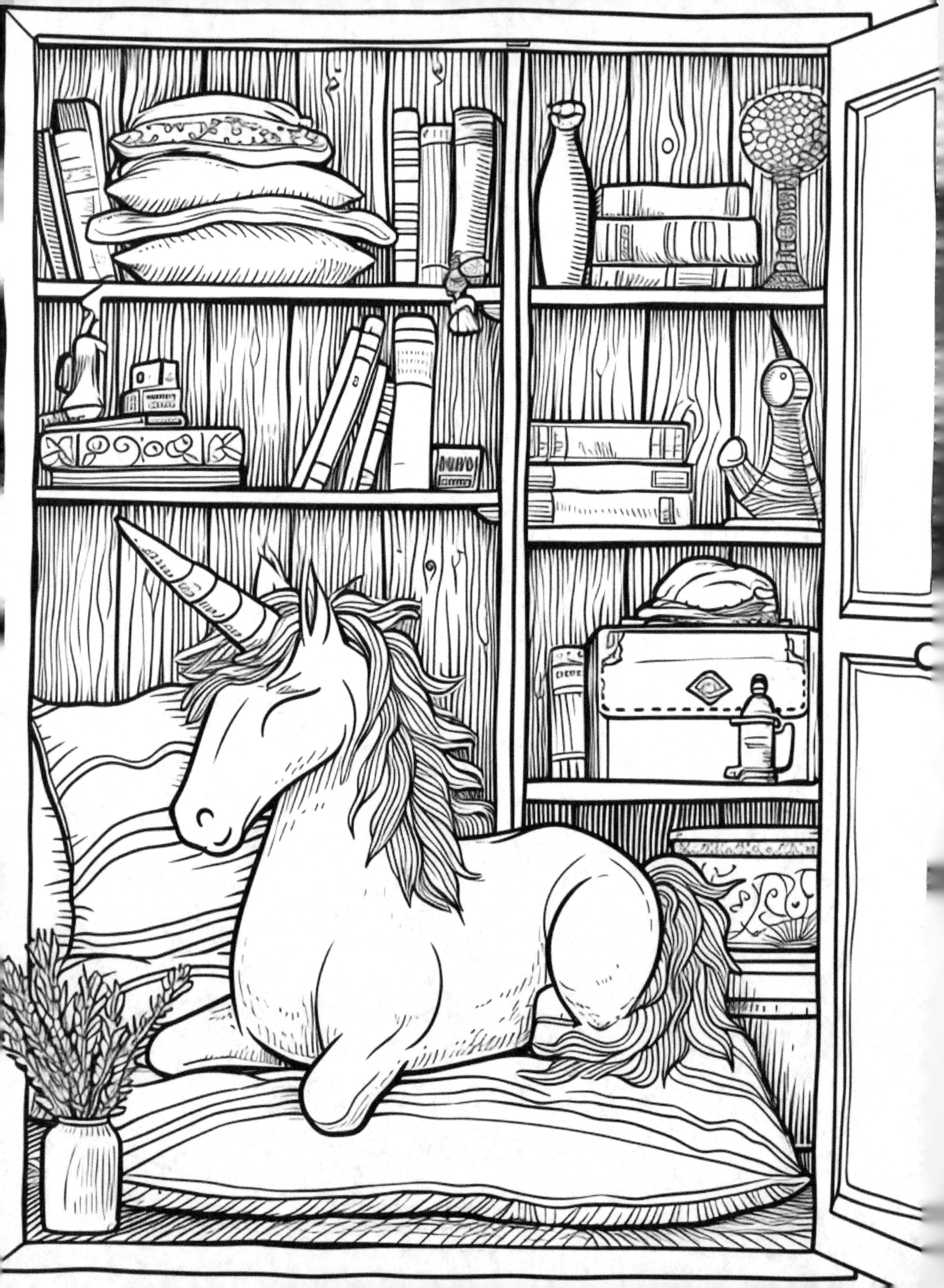

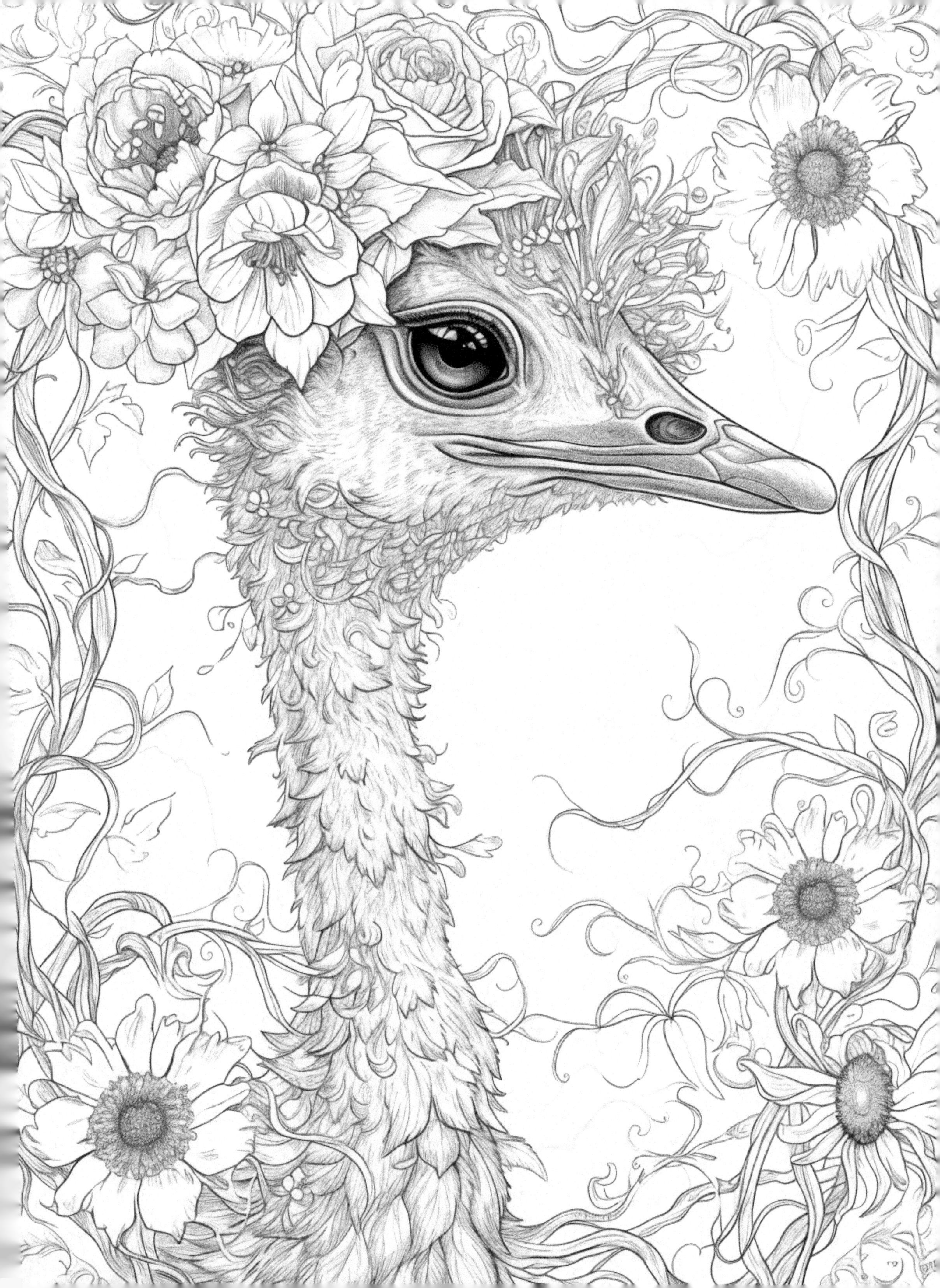

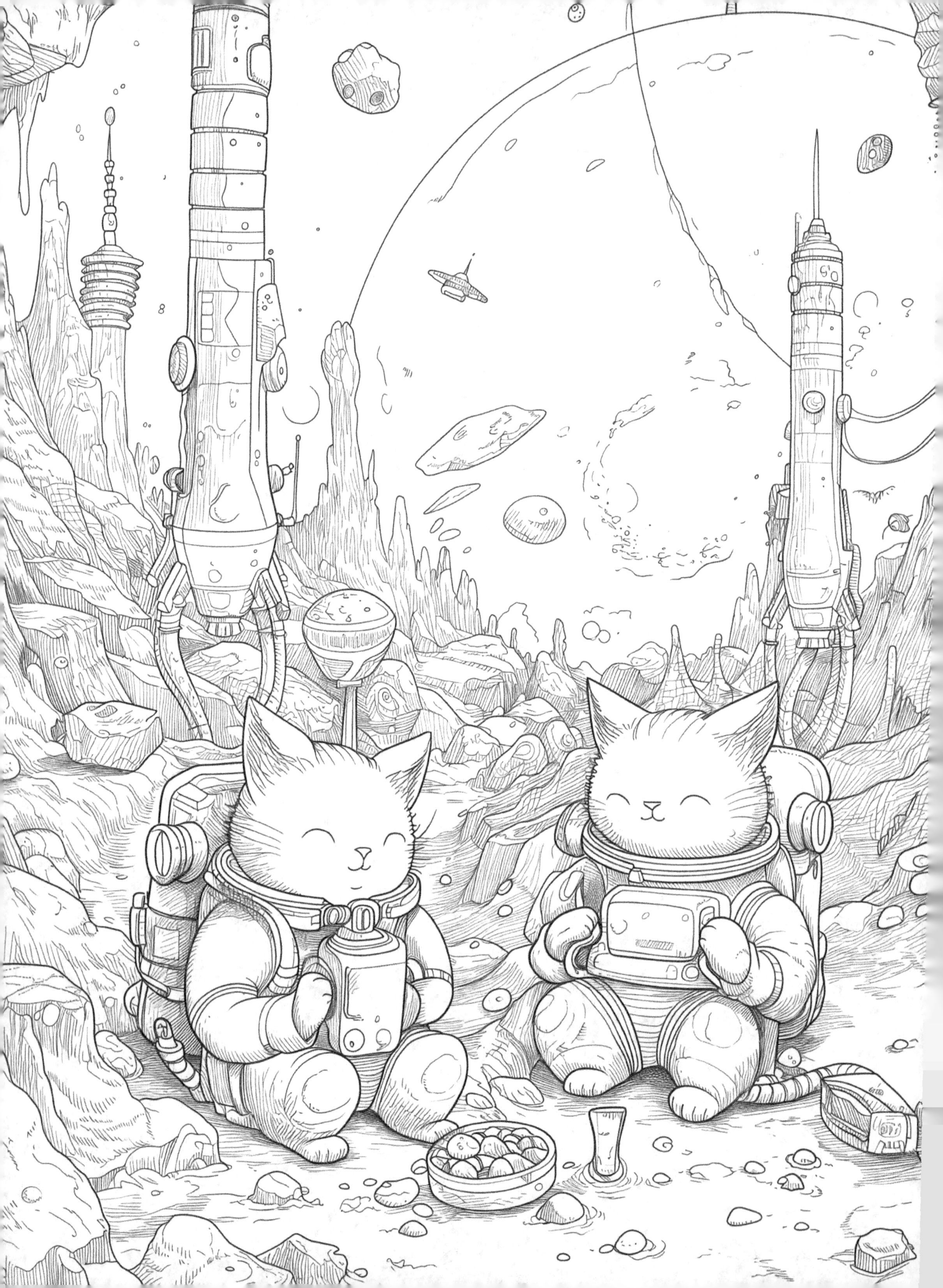

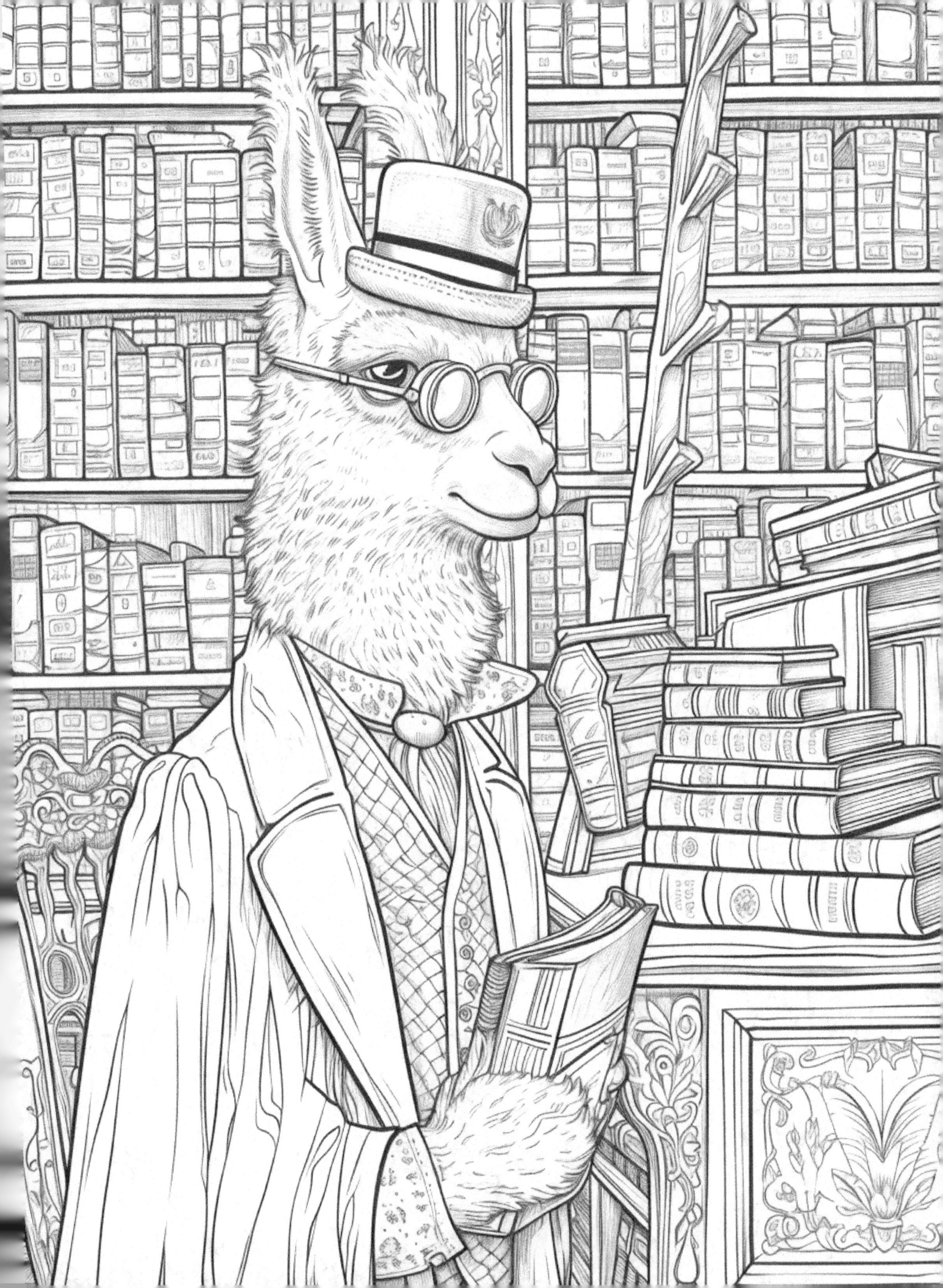

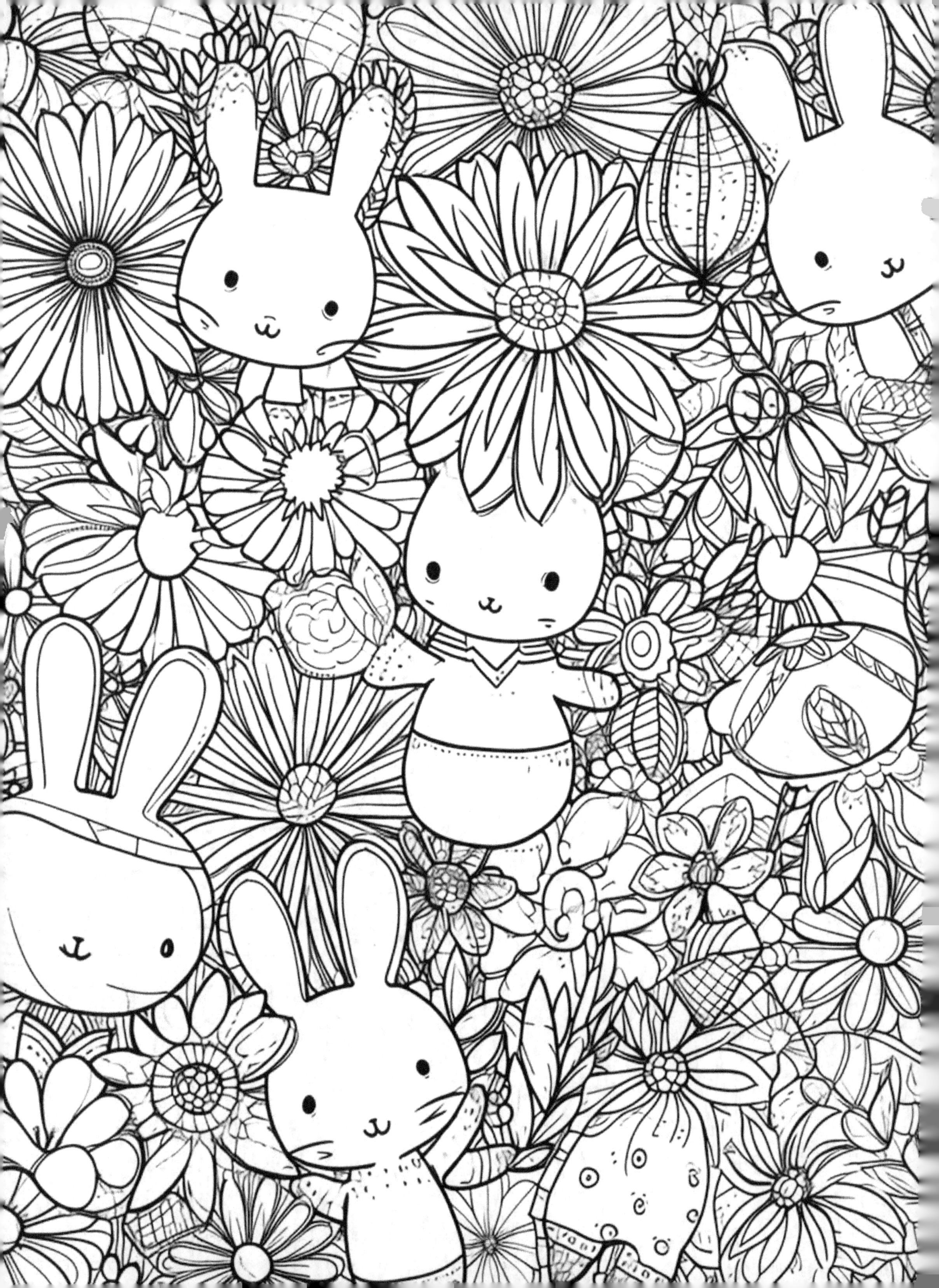

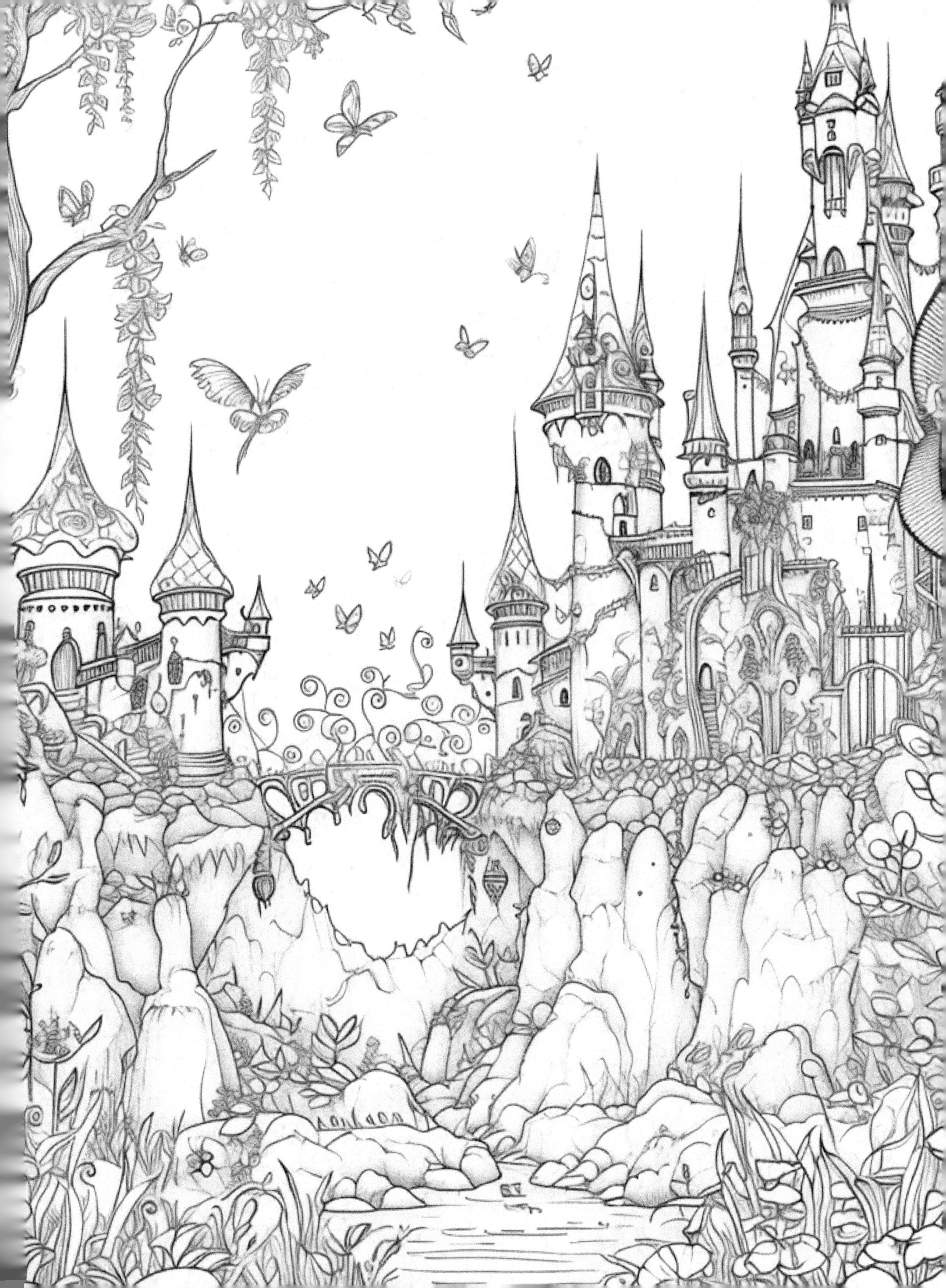

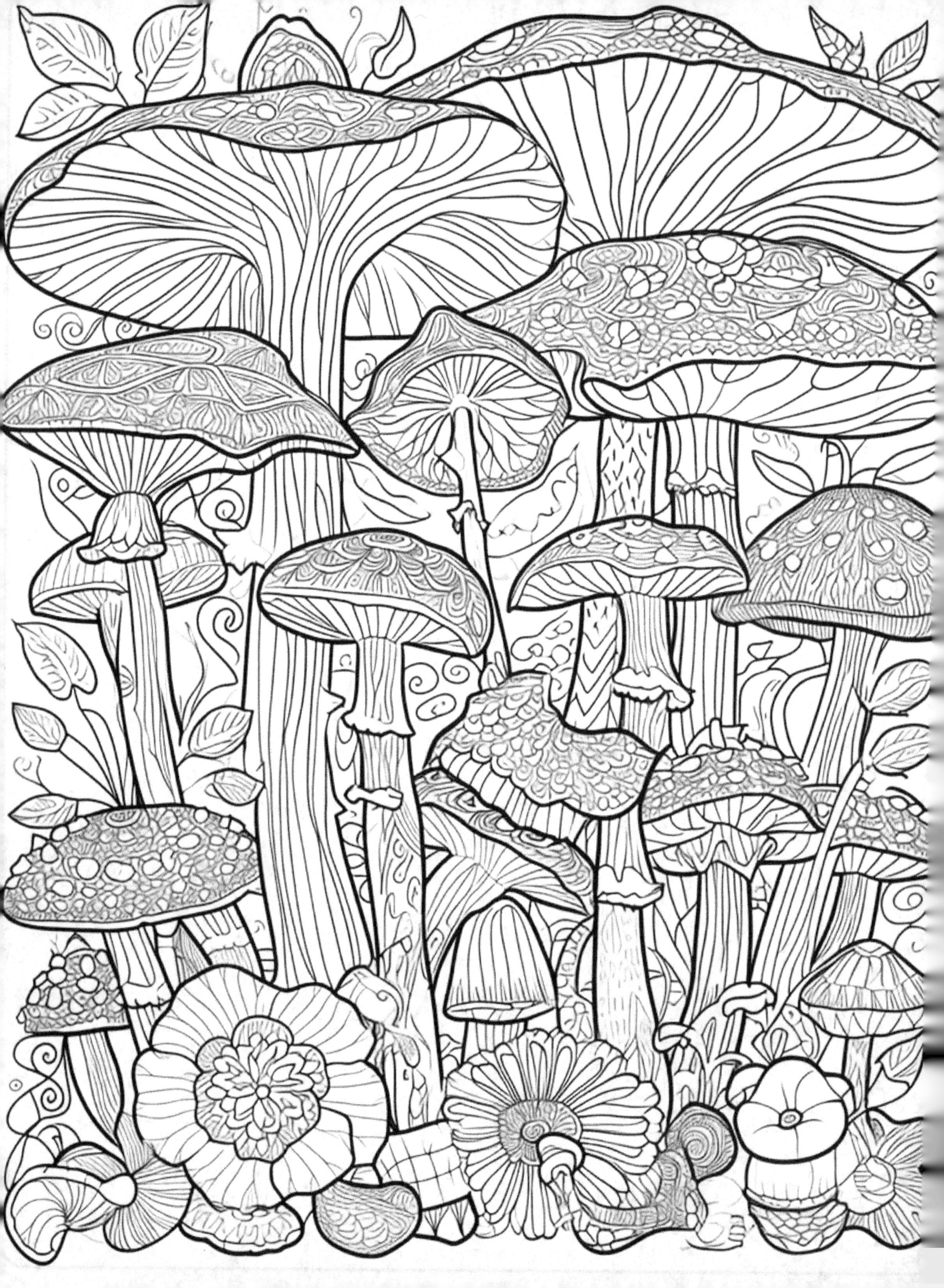

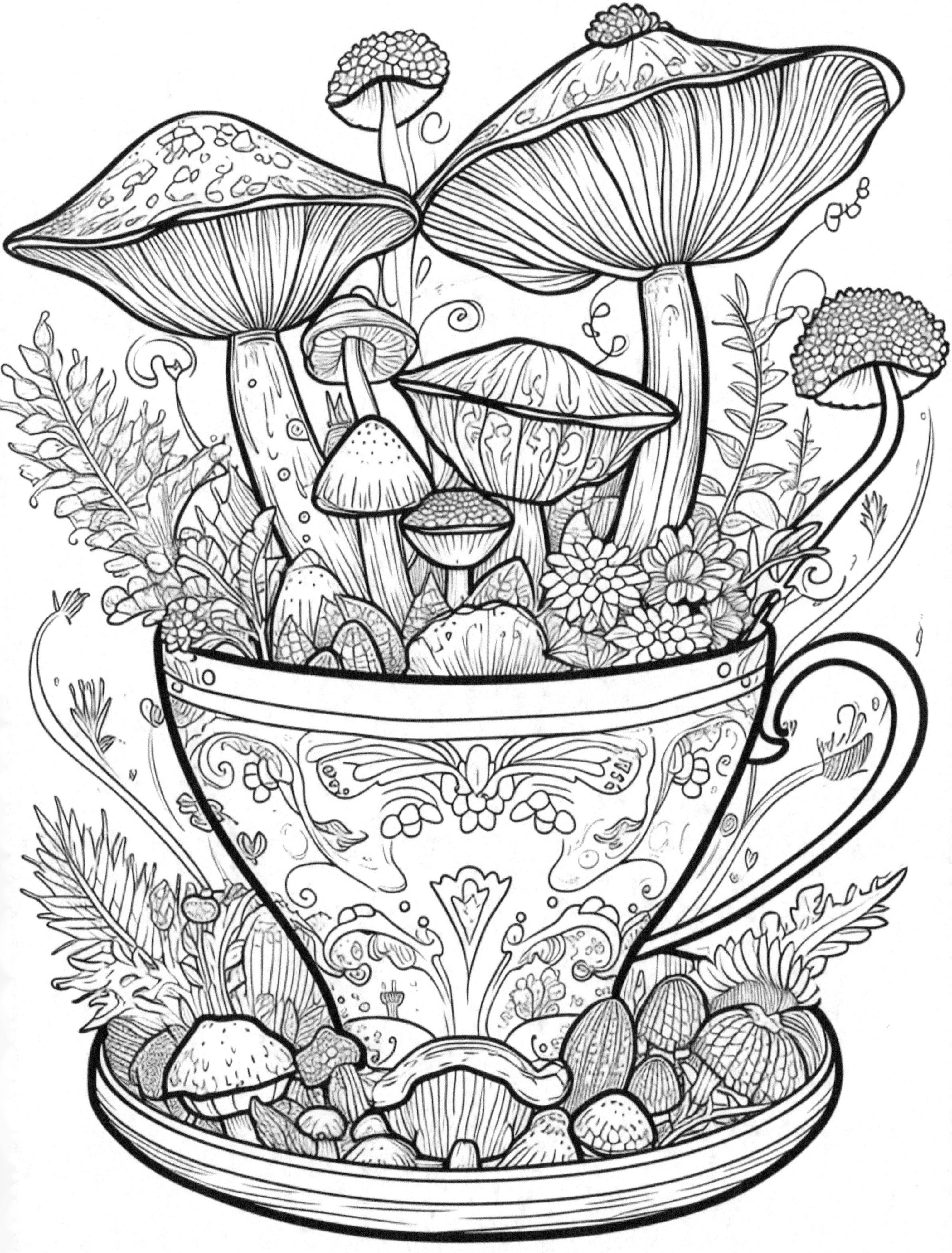

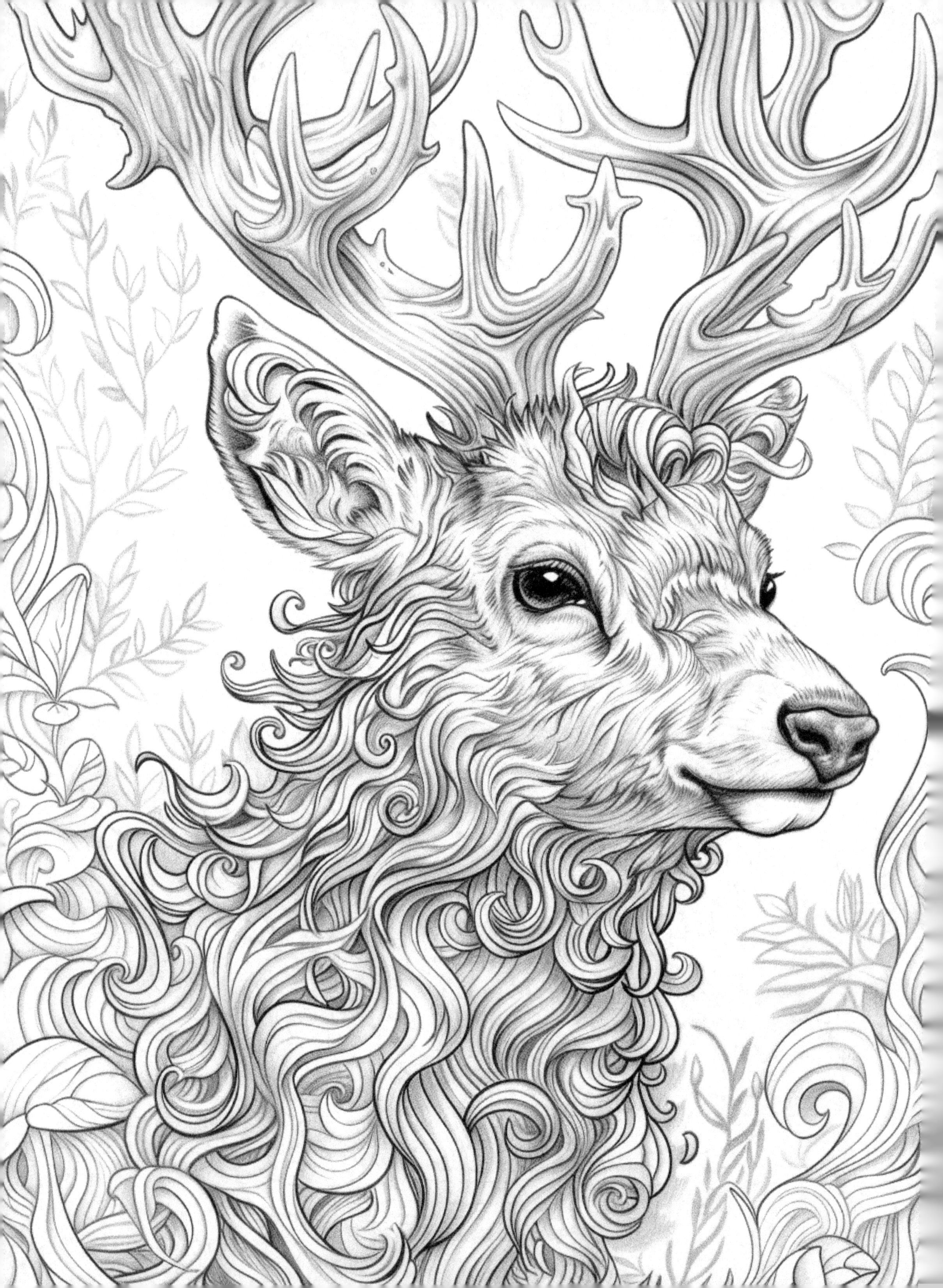

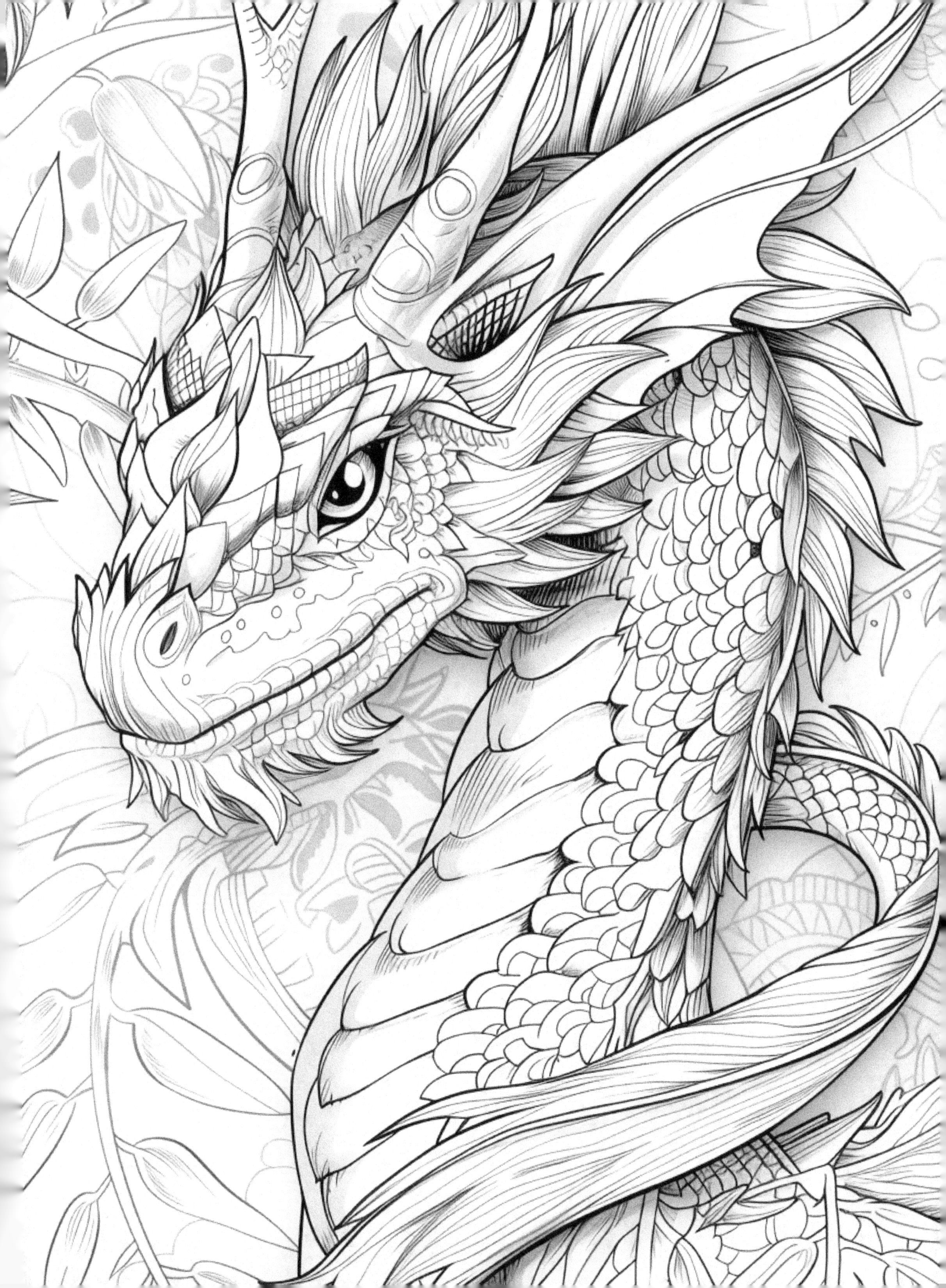

www.ingramcontent.com/pod-product-compliance
Lightning Source LLC
Chambersburg PA
CBHW081004290526
45795CB00009B/3078
* 9 7 9 8 8 7 9 7 2 1 4 0 9 *